Este libro está dedicado a mi maestra, la Sra. Johnson.

Copyright © 2022 Jennifer Jones
All copyright laws and rights reserved.
Published in the U.S.A.
For more information, email jenniferjonesbooks@gmail.com
Tapa blanda ISBN: 978-1-63731-752-5
Tapa dura ISBN: 978-1-63731-753-2

De todas las herramientas de clase,
somos los más pequeños del grupo,
Pero también somos los más golpeados,
Dañados, doblados y aplastados.

Nos sentamos encima de los lápices,
Esperando a ser amablemente utilizados,
Pero en cambio terminamos rotos,
Frecuentemente maltratados.

Se apuñalan y se pegan
A las que nos someten todos los días.
Los niños nos doblan y nos rompen
como si fuéramos juguetes con los que juegas.

A veces nos mastican,
O nos someten a una tortura.
No nos tratan como las herramientas importantes que somos.
En lugar de eso, nos tratan como basura.

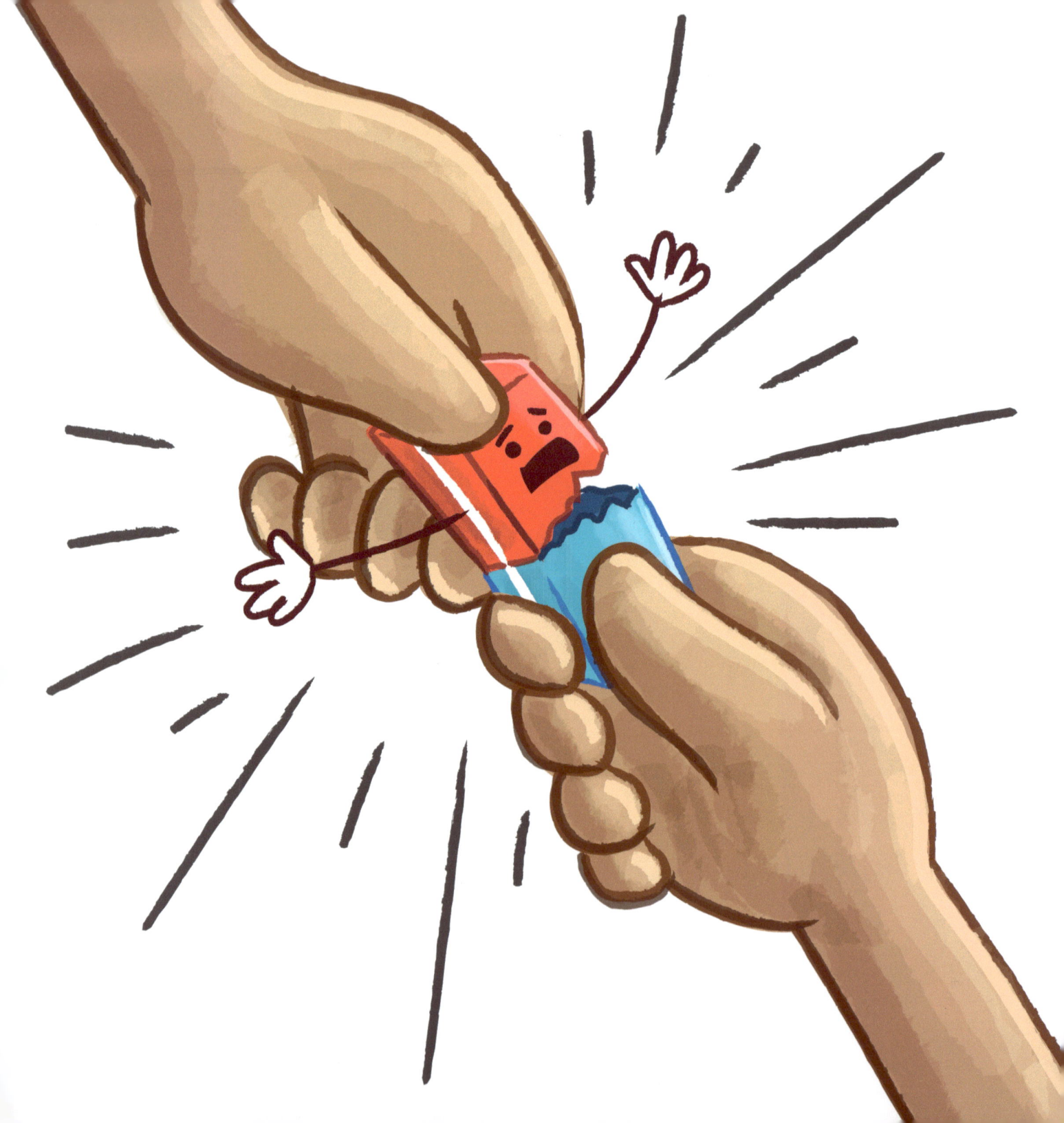

Nos destrozan,
y nos despedazan en su escritorio.
No les importa que sean duros con nosotros,
No es nada satisfactorio.

Lo peor es cuando más nos necesitan,
Olvidan cómo nos hicieron pedazos.
Cómo nos arrancaron de las tapas de los lápices,
Y nos dejaron caer en el suelo para luego remplazarnos.

Cuando han cometido un error en el papel,
Y necesitan desesperadamente borrar,
Es entonces cuando nunca pueden encontrarnos
Porque nos han tirado fuera de lugar.

Borradores de todo tipo,
desde los que tienen forma de animales hasta las rosas grandes,
Empezamos a hacer nuestro camino a los cubículos
Justo después del recreo de los estudiantes.

Nos escondimos en los cubículos
Cuando estaban fuera para el recreo.
Con suerte, si se daban cuenta de su falta de respeto,
Nuestra misión armaría un ajetreo.

Pedimos ayuda a los lápices
Dejarles a los niños una simple nota.
Nos habríamos ido cuando volvieran.
Y les escribimos una carta muy devota.

Estamos cansados de que nos maltraten,
Así que vamos a hacer algo que no les gustará.
Ustedes niños, no nos verán más -
¡De cada uno, si borrador en huelga estará!

 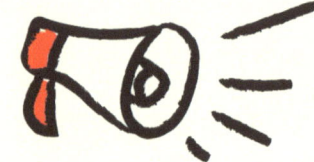

No se molesten en buscarnos
Hasta que hayáis aprendido a respetarnos.
¡Así es, nos hemos ido!
¡No van a poder encontrarnos!

Los niños volvieron de comer.
Al principio no se dieron cuenta de que nos habíamos ido.
Entonces un alumno cometió un error,
Y se dieron cuenta de que nos habían perdido.

Buscaron encima de su lápiz,
Su borrador no estaba a la vista.
No había manera de corregir sus errores.
De los borradores no había una sola pista.

Finalmente, uno encontró nuestra nota,
y la leyó a los demás en voz alta.
Cuando todos entendieron nuestra postura,
Estuvieron de acuerdo en que les hacíamos mucha falta.

**Le dieron la vuelta al papel,
Cogieron un lápiz y nos contestaron.**

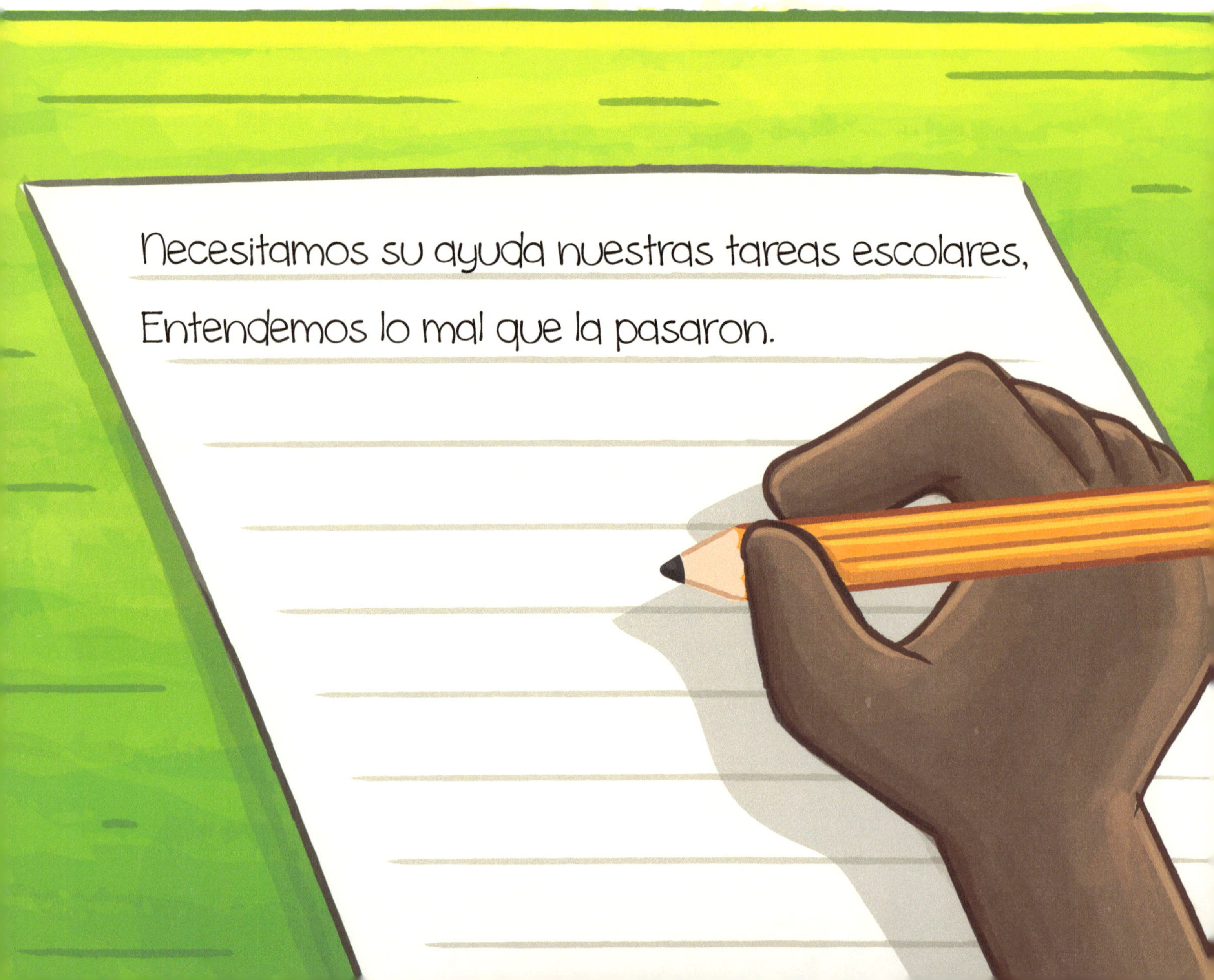

Necesitamos su ayuda nuestras tareas escolares,

Entendemos lo mal que la pasaron.

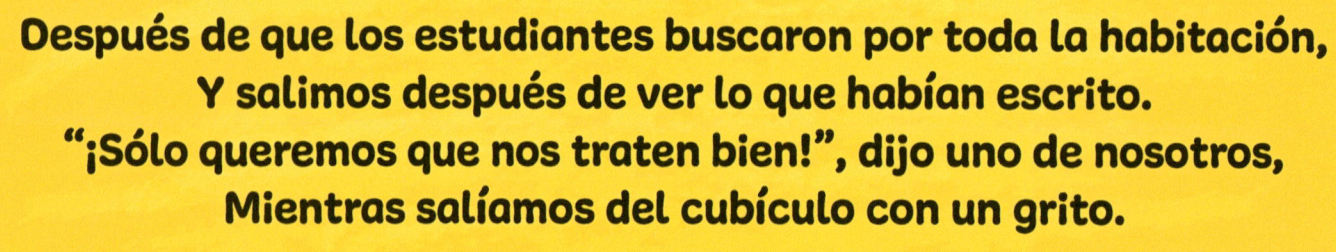

Después de que los estudiantes buscaron por toda la habitación,
Y salimos después de ver lo que habían escrito.
"¡Sólo queremos que nos traten bien!", dijo uno de nosotros,
Mientras salíamos del cubículo con un grito.

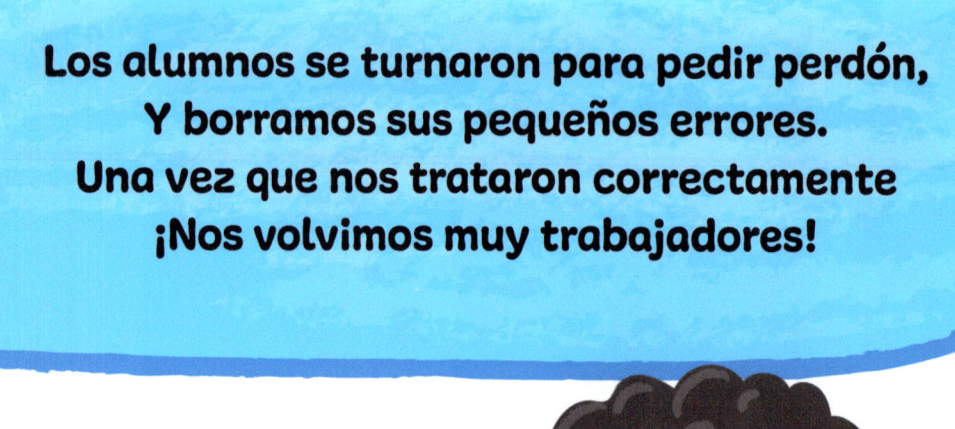

Los alumnos se turnaron para pedir perdón,
Y borramos sus pequeños errores.
Una vez que nos trataron correctamente
¡Nos volvimos muy trabajadores!

Así que ten cuidado cuando estés en clase
Que trates tus herramientas con cuidado
Porque nunca se sabe
¡Que pueden ir a la huelga Y no les gustará el resultado!

www.ingramcontent.com/pod-product-compliance
Lightning Source LLC
Chambersburg PA
CBHW041054100526
R18270200001B/R182702PG44585CBX00001B/1